Manuela Molk

Der Wald

Ein mystischer Kraft- und Sehnsuchtsort

Manuela Molk

DER WALD

Ein mystischer Kraft- und Sehnsuchtsort

Impressum

Bibliografische Information der Deutschen Nationalbibliothek:
Die Deutsche Nationalbibliothek verzeichnet diese Publikation
in der Deutschen Nationalbibliografie; detaillierte
bibliografische Daten sind im Internet über http://dnb.dnb.de
abrufbar.

Lektorat: Manuela Molk
Korrektorat: Manuela Molk

Fotos: ©Molk Manuela

Herstellung und Verlag: BoD – Books on Demand,
Norderstedt

ISBN: 978-3-7578-6017-2

Inhaltsverzeichnis

Vorwort

„Und ich schreibe, daß ich sehr glücklich bin und daß ich froh wäre, wärest du hier, denn in den Wäldern sind Dinge, über die nachzudenken man Jahre lang im Moos liegen könnte."
(Franz Kafka)

Diese Zeilen finden sich auf einer Ansichtskarte, die Franz Kafka im Jahr 1908 an Max Brod, seinen Freund, schickte. Der Wald war für Kafka eine Inspirationsquelle und er löste in ihm das Gefühl einer tiefen Naturverbundenheit aus. Auch ich habe in den letzten Jahren sehr viel Zeit im Wald verbracht. Er erdet mich und die bemoosten Riesen, die hier völlig eins mit sich sind, scheinen mir ihre Geschichten erzählen zu wollen. Im Wald sind die Gerüche intensiv, die Luft rein und klar und man hat den Eindruck, als würde man sich in einer anderen Welt befinden. Wälder sind magisch, sie verzaubern uns mit ihren unzähligen Farben und Gerüchen und ihrer Stille und Erhabenheit. In der Romantik war der Wald sowohl Sehnsuchtsort als auch Kulisse für unzählige Märchen wie Hänsel und Gretel oder Rotkäppchen, darüber hinaus waren Wälder für unsere Vorfahren auch Kultstätten und heilige Tempel. Aber auch heute haben Bäume im Jahreskreis noch eine ganz besondere Bedeutung, man denke beispielsweise an den Weihnachts- oder Maibaum, der für Wachstum und Gedeihen steht.

Der Wald, der uns heute beim Spazierengehen begegnet, ist allerdings im Normalfall ein Wirtschaftswald und hat kaum mehr etwas mit dem unberührten Wald zu tun, der in Sagen und Märchen zu finden ist. Vielfach ist den Menschen heute der Bezug zum Wald und seinen Lebensformen abhanden gekommen, daher ist dieses Buch ein Versuch, darüber nachzudenken, welche Rolle der Wald früher im Bewusstsein der Menschen, aber auch in der Literatur, der Kunst bzw. Philosophie spielte, um dadurch wieder eine neue Blickweise auf den Wald entwickeln zu können: Weg vom Wald als „Ware" hin zu den „wahren" Möglichkeiten, die uns Wälder bieten können.

Es kann (...) geschehen, aus Willen und Gnade, in einem, dass ich, den Baum betrachtend, in die Beziehung zu ihm eingefasst werde, und nun ist er kein Es mehr.

MARTIN BUBER, ICH UND DU (1923)

Der Wald: Begriffsdefinition und Symbolik

Der Terminus Wald stammt aus dem Germanischen und laut Wörterbuch versteht man darunter eine „größere, dicht mit (hochstämmigen) Bäumen bestandene Fläche." Früher bestanden die heutigen deutschsprachigen Gebiete fast vollständig aus Wald, dadurch erklärt sich auch der Kult um ihn, der von den Germanen herrührt. Ursprünglich war der Wald ein Symbol für die unendliche Natur, durch Rodung wurde die Fläche dann aber kultiviert. Dadurch ist auch sein Bedeutungswandel erklärbar: War der Wald im Mittelalter noch ein mystischer Lebensraum, so wurde er in der Neuzeit eher zu einem Ort der Abgeschiedenheit. Neben den Germanen sahen aber auch die Kelten den Wald als ein sehr wichtiges Heiligtum an und für die Balten war er bis zum 19. Jahrhundert Opfer- und Versammlungsplatz.

Die indischen Religionen sind zudem der Ansicht, dass in ihm der Schöpfergott zuhause sei. Darüber hinaus steht der Wald auch symbolisch für das Unterbewusste und er ist ein Ort der Initiation und Prüfung. So zieht es die Menschen dorthin, um neue Erkenntnisse zu gewinnen, in Sagen und Märchen schickt man sehr häufig junge Menschen in einen mystischen Wald, in dem Zwerge, Riesen, Hexen, Feen oder Dämonen zuhause sind. Durch die Begegnung wird ein Initiationsritus vollzogen, sodass eine Seite, die bislang verborgen war oder verdrängt wurde, zum Vorschein kommt und der Mensch an

Erfahrung gewinnt. In der Neuzeit wird das Motiv des Waldes auch in der Musik, in der Literatur bzw. in der Kunst gerne aufgegriffen, vor allem in der Romantik bzw. im Idealismus.

In der Parzival-Dichtung hält die Mutter den Helden im Wald fest, bevor er sich dann seinen Weg sucht, was so gedeutet werden kann, dass der Mann Angst vor dem Venushügel der Frau hat. Also steht der Wald hier symbolisch für die Verführungskraft bzw. die Weiblichkeit. In den Bildern von Max Ernst erscheint der Wald wie eine düstere Wand, hinter der eine andere Welt zu finden ist, was zeigen soll, dass der Mensch sich von der Natur entfremdet hat. Diese Entfremdung findet sich auch heute noch in Sprichwörtern wie zum Beispiel „Ich glaub, ich steh im Wald." Gleichzeitig birgt der Wald aber auch sehr viel Selbstfindungspotential: „Wie man in den Wald ruft, also schallt es wieder hinaus" heißt es in einem anderen Sprichwort, was zeigt, dass wir im Wald immer nur uns selbst begegnen. Treffen wir auf Tiere, so erscheint uns das unheimlich und fremd, es hat aber gleichzeitig auch etwas sehr Faszinierendes. Das Andere zeigt uns die Untiefen der Seele auf, bietet uns gleichzeitig aber auch die Möglichkeit, uns selbst sowie unseren Wünschen und Ängsten zu begegnen, was uns letztendlich auch wachsen lässt.

Frieden findet man nur in den Wäldern.

MICHELANGELO (1475-1564)

13

Phänomenologie des Waldes

Als Phänomenologie bezeichnet man die Lehre von den Erscheinungen, den Phänomenen. Damit meint man, wie wir bestimmte Sachverhalte oder Dinge in unserem Bewusstsein erleben. So empfindet beispielsweise eine Person einen Wald als erschreckend, während er für eine andere äußerst anziehend ist.

Was ist ein Wald? Grundsätzlich verstehen wir darunter eine Ansammlung von Sträuchern und Bäumen, wobei diese eine Größe annimmt, dass der Mensch, wenn er im Wald unterwegs ist, mit dem Außen keinen Kontakt mehr hat, da die Sicht verstellt wird. Andersrum formuliert muss ein Wald eine solche Größe annehmen, dass wir uns anstrengen müssen, wenn wir ihn wieder verlassen wollen. Sind wir hingegen nur mit einer Baumgruppe in Kontakt, so sind wir auch mit der Umgebung, die uns umgibt, visuell und auch vom Gefühl her verbunden. Demnach ist ein Wald ein geschlossener Raum, der eine Grenze zum äußeren Umfeld bildet. Zudem kann uns der Wald auch eine eigene Zeit – eine sogenannte Waldzeit – bieten. Im Inneren des Waldes eröffnen sich uns eine Vielzahl an Möglichkeiten. Hier finden wir Lichtungen und Wege, Baumgruppen, kleine Felsen, Flüsse oder Teiche. Außerdem können wir Pilze, Kräuter oder Stauden bestaunen und natürlich verschiedenste größere und kleinere Tiere, ganz egal ob Vögel, Säugetiere,

Mikroorganismen oder Insekten. Betreten wir den Wald, so stellen wir gleichzeitig eine Beziehung zu den Pflanzen und Tieren her. In phänomenologischer Hinsicht treten wir also in einen Raum ein, der auf uns wie ein Organismus wirkt. Er ist wie eine Art Labyrinth und sollte daher auch mit großer Achtsamkeit erkundet werden, da man nie weiß, was als nächstes vor einem auftaucht. Aus dieser Perspektive betrachtet, ist ein Wald daher ein Ort, an dem Natur passiert und an dem wir diese Natur auch erfahren können, was natürlich auch davon abhängt, wer sie dort erfährt. Ein Wald wird demnach von einem Ranger oder einem Jäger anders erfahren als von einem Kind oder von älteren Menschen. Obwohl wir alle den Wald auf unsere eigene Art und Weise kennen lernen, gibt es doch eine Erfahrung, die dabei jeder macht, nämlich die Erfahrung, sich im Wald aufzuhalten, im Wald zu sein.

Wir betreten den Wald durch eine Art Mauer und folgen dann einem Pfad, kommen aber auch sehr häufig vom Weg ab. Der Weg in einen Wald hat dabei keinen bestimmten Eingang, wie es zum Beispiel bei einem Haus der Fall ist, das Betreten eines Waldes bedeutet, dass man eine Art Grenze überschreitet, er kann aber von beinahe überall und zu jeder Zeit betreten werden und ist auch für jeden zugänglich. Betreten wir einen Wald, so erfahren wir eine Art Eingeschlossensein im Gegensatz zur Offenheit von Wiesen oder Feldern. Diese vermitteln uns ein Freiheitsgefühl und sie laden uns dazu ein, uns frei zu bewegen und zu laufen. Im Wald hingegen ist dieses Gefühl begrenzt, wir gehen viel langsamer, da der Wald unsere Fähigkeit, uns zu bewegen und zu sehen, einschränkt. Im Wald ist es dunkler, daher sind wir auch vorsichtiger und wir werden ständig vom Gefühl begleitet, dass der Wald weiß, dass wir da sind. Es ist so, als wäre der Wald ein komplexes System aus Spiegeln, ein Netzwerk aus Reflexen und Reflexionen.

Sind wir im Wald unterwegs, so gehen wir auch nicht nur geradeaus, so wie wir es auf einer Straße tun, sondern wir streunen umher, was es auch schwierig macht, eine Richtung beizubehalten. Man benötigt auch mehr als nur die Füße: Mit unseren Händen bewegen wir Äste auf die Seite und sie helfen uns auch dabei, unsere Balance zu halten. Außerdem ist der Wald ein Ort, an dem wir uns sehr leicht verirren können.

Wenn wir uns im Wald aufhalten, sind wir auch sehr oft auf der Suche nach etwas: nach Pilzen, nach Kräutern, nach bestimmten Pflanzen, Spuren oder Tieren. Wir gehen voran, wir suchen, wir verlieren und finden unseren Weg. Wir erforschen, wir entdecken und probieren verschiedenste Möglichkeiten aus. Auch die Zeit spielt im Wald eine völlig andere Rolle, denn sie wird hier nicht in Stunden oder Minuten gemessen, sondern in Tages- oder Jahreszeiten. Die Zeit ist hier zyklisch, gekennzeichnet von Wiederholungen und bringt ganz besondere Momente mit sich.

Nichts ist für mich mehr Abbild der Welt und des Lebens als der Baum. Vor ihm würde ich täglich nachdenken, vor ihm und über ihn.

CHRISTIAN MORGENSTERN (1871-1914)

Wald und Mensch

In der Frühzeit bewohnten die Menschen vor allem Waldlichtungen und Waldränder und nur sehr selten zog es sie in das Waldinnere. Auf den Lichtungen war die Beute zu finden, im Inneren des Waldes fanden sie hingegen verschiedenste Sammelgüter. In dieser Welt formten sich die frühen Kulturen, wobei vor allem das Anerkennen des Unterschieds zwischen dem Lebensraum Wald und den Auen und Lichtungen ein wesentliches Moment für die Kulturentfaltung darstellt. Die Möglichkeit verschiedener Lebensformen bedeutet nämlich auch, dass man lernen muss, mit unterschiedlichen Verhältnissen umzugehen. Als weiterer wesentlicher Entwicklungsfaktor gilt, dass sich die Menschen darüber bewusst wurden, dass der Wald sowohl bedrohlich sein, aber auch Schutz bieten kann.

Mit der Entwicklung der Jäger- und Sammlerkulturen hin zu einer Agrarkultur trat auch der Wald immer mehr in den Hintergrund und er wurde zu einem Ort, in dem Waldgeister und Dämonen wohnen. Somit wandelte sich die Bedeutung des Waldes mit der Zeit und jede Kultur misst ihm dabei auch eine andere Bedeutung zu. Neben dem Wirtschaftsfaktor, der heute eine wesentliche Rolle spielt, leben aber nach wie vor noch andere Auffassungen weiter, sodass ersichtlich wird, dass er bis heute seine kulturell und gesellschaftlich geprägte Formation bewahren konnte.

Ort der Initiation

Wenn wir nicht im Wald leben, so kann dieser auch als Andersraum bezeichnet werden. Bei vielen Eingeborenenstämmen gilt er zudem als Ort der Initiation, da Initiationen ein sehr außergewöhnliches Ereignis darstellen und es daher auch einen außergewöhnlichen Platz dafür braucht. Eine Initiation ist immer ein sehr umfassendes Ritual, das von Mircea Eliade auch als „regressus ad uterum" bezeichnet wird. Der Neophyt kehrt dabei zum Uterus, zum Schoß von Mutter Erde, zurück, was ein sehr gefährlicher und geheimnisvoller Vorgang ist. In diesem Zusammenhang unterscheidet man zwischen einer dramatischen und einer leichten Rückkehr: Die dramatische findet man hauptsächlich in Heldenmythen, wo der Held zum Beispiel eine Schlucht hinabsteigen muss und dann siegreich aus der Prüfung hervorgeht. Der Neophyt oder der Held durchläuft dabei eine Art Wiedergeburt, wenn er den Wald geläutert verlassen kann.

Aber auch für uns kann eine Waldwanderung durchaus eine Art Abenteuer sein, wenn unsere Seele bereit dafür ist. Auch heute noch können Interessierte an einer sogenannten Visionssuche („Vision Quest") teilnehmen. Im europäischen Mittelalter stellte eine Quest eine Wallfahrt oder Wanderschaft dar, deren Ziel nicht bekannt war und die zu dieser Zeit vorwiegend von Rittern vollzogen wurde. Vor mehr

19

als 200 Jahren lernten dann christliche Missionare bei nordamerikanischen Indianerstämmen ein Ritual kennen, bei dem sich Frauen bzw. Männer unterschiedlichster Altersklassen für bis zu zehn Tage fastend in die Wildnis begaben, bevor sie dann mit einem Fest wieder von ihrem Stamm empfangen wurden. Diese Tradition erinnerte die Missionare an Sagen und Legenden aus dem Mittelalter, sodass sie den Brauch als „Vision Quest" bezeichneten.

Die amerikanische Regierung verbot die Visionssuche allerdings bis zum Jahr 1970, sodass sie auch unbekannt blieb. Schließlich konnte die New Age- und Hippie-Bewegung, die sich für die Traditionen der Indianer einsetzte, ein Gesetz bewirken, das den Indianern das Ausüben ihrer Religion bzw. Bräuche und damit auch der Visionssuche garantierte. Steven Foster und Meredith Little, ein amerikanischer Ehepaar, machten dieses Ritual dann auch für unsere Kultur zugänglich und gründeten zudem die „School of Lost Borders", in deren Tradition auch heute noch zahlreiche Visionssucheleiter stehen. Heute ist die Visionssuche ein Ritual, um Lebensübergänge zu gestalten, wobei man sich dafür fastend, allein und ohne feste Behausung in die Natur bzw. in den Wald begibt.

Eine Vision Quest dauert zwischen acht und vierzehn Tage und besteht aus drei Abschnitten: einer Ablösungsphase, der Schwellenphase bzw. der Wiedereingliederungsphase. Das Gebiet für die Visionssuche wird im Groben markiert und die

Visionsleiter weisen die TeilnehmerInnen auch in das Fasten bzw. in das Sicherheitssystem ein. Außerdem muss eine Absicht formuliert werden, mit der man bekräftigt, warum man sich in die Wildnis begeben möchte. Anschließend begeben sich die Teilnehmer dann in den sogenannten Schwellenkreis und halten sich dann für drei Tage bzw. Nächte ohne Nahrung, aber genügend Wasser in der Wildnis auf. Auch Radio, Smartphones oder Zigaretten sind nicht erlaubt. Jede Person hat damit genügend Raum und Zeit, um eine Antwort auf das gewählte Thema zu finden. In der letzten Nacht bleiben die Teilnehmer wach und bitten um eine Vision. Natürlich ist es auch kein Problem, die Quest abzubrechen, da man dadurch auch erkennen kann, wo die persönlichen Grenzen liegen, ohne dass man sich dabei selbst in Gefahr bringt. Kehren die TeilnehmerInnen zurück, so übertreten sie wiederum die rituelle Schwelle und in einer Nachbereitungsphase spiegeln die Visionsleiter dann die Geschichte, wobei es vor allem darum geht, aufmerksam zuzuhören und eine bestätigende Haltung zu zeigen.

Welcher Sinn steckt nun hinter einer Visionssuche? Im Rahmen einer Vision Quest kann zum Beispiel Urvertrauen wiederhergestellt bzw. entwickelt werden. Außerdem trägt sie zur Stärkung des Selbstbewusstseins bei und man lernt sein eigenes Wesen auf eine ganz neue Art und Weise kennen. Jugendliche können sich dadurch ganz bewusst vom Elternhaus ablösen und ihre Kindheit abschließen. Zudem kann man auch eine ganz neue Sichtweise für die Natur und Umwelt entwickeln und seine Intuition stärken.

Viele mystische Traditionen gehen davon aus, dass jede Materie geistbelebt ist und sie sehen den Mensch auch als Frucht der Erde an. So stammen auch seine materiellen Bestandteile von der Erde und nach dem Tod löst sich der Körper ebenfalls wieder in Erde auf. Wir Menschen sind also wie Bäume oder Erdfrüchte, bestehen aber noch zusätzlich aus Gedanken und Gefühlen. Was können wir daher vom Wald lernen bzw. wie kann der Wald zu unserer spirituellen Entwicklung beitragen? Wenn wir mit den Bäumen bzw. mit dem Wald leben, so leben wir auch mit der Natur im Einklang, sind daher eins mit den Elementen. Außerdem ist der Wald ein Ort, an dem man spirituelle Erfahrungen machen bzw. sich von seinen Ängsten befreien kann.

Auch wir können den Wald als einen Ort der Initiation für uns nutzen, hat er doch sowohl einen nährenden als auch einen ängstigenden Aspekt. Macht uns der Wald Angst, da wir ihn nicht kennen, so erleben wir dort eine seelische Verunsicherung. Wenn wir uns nun öffnen, so ist eine Wandlung möglich, wir werden achtsamer und begegnen den Elementen mit einer größeren Offenheit, wodurch auch die Heilkräfte der Natur ihre Wirkung zeigen. Dadurch werden der Körper und das Energiesystem gereinigt und eine spirituelle Begegnung ist möglich. Mit dieser Erfahrung können wir dann verwandelt und gestärkt in unseren Alltag zurückkehren. Wer im Wald unterwegs ist, wird daher einerseits mit großen Ängsten, aber auch mit Wundern konfrontiert.

Zudem können wir den Wald auch auf einer symbolischen Ebene betrachten, da er sinnbildlich für das Mütterliche und das Prinzip der Erde steht. Betreten wir einen Wald, so betreten wir gleichzeitig einen Raum, der eine Verbindung mit Mutter Erde darstellt, uns reinigt und nährt und uns ebenso für geistige Räume öffnet.

Der klarste Weg ins Universum führt durch eine Waldwildnis.

JOHN MUIR (1838-1914)

Der Wald als Ritual- und Rückzugsort

Bei den Kelten waren die Druiden eine Art religiöse Elite, sie waren äußerst gebildet und mussten sich langen Studien unterziehen, wobei sie in entlegenen Wäldern oder Höhlen in vielen Dingen unterwiesen wurden. Die Druiden galten als Magier und heilige Männer, die mit der feinstofflichen Welt kommunizieren konnten, und wurden oftmals auch als Schamanen Europas bezeichnet. Allerdings fanden ihre Rituale nicht in Tempeln, sondern auf Waldlichtungen statt. Generell war das Keltentum sehr eng mit dem Wald und dessen magischer Kraft verbunden, ihr Wissen wurde allerdings nicht schriftlich überliefert, sodass es teilweise im Verborgenen blieb.

In Griechenland war es vorwiegend Artemis, die als Herrin der Wälder galt. Sie durchstreifte den Wald mit Pfeil und Bogen und wurde dabei von Nymphen begleitet. Sie war die Beschützerin des Wildes und galt als äußerst mächtig und streng. Darüber hinaus war sie auch Mondgöttin und Geburtshelferin. Ebenso bekannt ist der griechische Waldgott Pan, wobei Pan soviel wie „alles" bedeutet. Pan steht dabei für die Leidenschaft, er trägt die Hörner eines Steinbocks und steckt voller Kraft und Energie. Somit steht er auch für die Lebendigkeit, der man in den Wäldern begegnen kann.

In Tibet müssen sich die buddhistischen Mönche zurückziehen, um spirituelle Kraft zu erlangen. Meistens wählen sie für diesen Rückzug eine Höhle, wobei sie darauf in einem Kloster vorbereitet werden. Normalerweise umfasst ein solcher Rückzug einen Zeitraum von drei Jahren, drei Monaten sowie drei Tagen, was als Basis dafür gilt, um zum Meister zu werden. Ähnliches findet man auch im Christentum: So gilt beispielsweise Paul von Theben, der 60 Jahre lang in einer Höhle hauste, als der Urvater der Eremiten. Ebenfalls als Einsiedler lebten unter anderem Antonio von Abbas, Nikolaus von der Flüe oder Meinrad von Einsiedeln. Der bekannteste von ihnen ist aber wohl Franz von Assisi, der eine herausragende Heiligkeit war. Auch Hubertus von Lüttich zog sich nach dem Tod seiner Frau für insgesamt sechs Jahre in einen Wald zurück und vom Heiligen Benedikt erzählt man sich, dass sich dieser in einem buschigen Wald eine Kirche baute. Viele Yogis und Heilige, die in einer Einsiedelei lebten, erlangten Wunder- und Heilkräfte und integrierten die Natur in ihr Leben und Wirken.

Eine Art kurzen Rückzug stellt auch heute noch die sogenannte Medizinwanderung dar, die vor allem durchgeführt wird, um Stress zu vermindern, sich eine Auszeit vom Arbeitsalltag zu nehmen oder um neue Einsichten bezüglich einer Beziehung, eines Jobs oder dem Sinn des Lebens zu erhalten. Im Rahmen einer Medizinwanderung verbringt man einen Tag im Wald bzw. in der Natur, was eine äußerst heilsame Erfahrung darstellen kann, da wir vielfach den Kontakt zur Natur komplett verloren haben. Bevor man die Schwelle zur „Anderswelt" übertritt, wird eine Intention bzw. ein Vorhaben formuliert. Was möchte ich gerne loslassen, erfahren oder transformieren? Der Startpunkt ist dann eine sogenannte Schwelle, die quasi als Grenze fungiert. Es kann sich dabei um eine natürliche Schwelle handeln, wie zum Beispiel einen Eingang zwischen zwei Bäumen, der dann in den Wald führt, oder auch um eine Haus- oder Gartentüre, die man hinter sich schließt, bevor man seine Medizinwanderung beginnt. Zudem ist es auch möglich, eine Linie in den Sand oder in die Erde zu zeichnen, die dann ganz bewusst überschritten wird. Beim Übertreten dieser Schwelle, konzentriert man sich dann auf seine Frage bzw. auch auf seine Atmung. Nach dem Losgehen hält man dann Ausschau nach Symbolen oder Zeichen und achtet darauf, was einem im Wald begegnet. Man versucht dabei, ganz offen und ohne Erwartung zu sein, da uns die Botschaften in diesem Zustand am leichtesten erreichen können. Für die Wanderung ist es möglich, die Wegstrecke zu Beginn festzulegen, man kann das Ritual aber auch beenden, sobald man eine Antwort auf seine Frage gefunden hat, indem man sich dann erneut eine Schwelle sucht, um auf diese Weise ganz bewusst ins Alltagsleben zurückzukehren. Im Anschluss ist es empfehlenswert, sich einige Notizen zu machen und das Erlebte nachwirken zu lassen.

Aber auch im Rahmen eines Spaziergangs können wir eine ganz besonders starke Naturverbundenheit spüren, es ist, als würden wir mit dem Wald in eine Symbiose treten. Hier fühlen wir uns geborgen und zufrieden, hier erlangen wir tiefen Frieden und innere Ruhe. Im Wald müssen wir nicht mehr grübeln und über unsere Probleme nachdenken, sondern sind ganz einfach da und angekommen. Im Wald müssen wir nichts leisten, wir stehen nicht unter Termindruck und Stress, stattdessen können wir uns ganz dem Hier und Jetzt hingeben. Auch in unsicheren Zeiten ist der Wald ein Schutz- und Zufluchtsort, der symbolisch für die Beständigkeit steht. Mithilfe der Baumwurzeln können wir auch unsere eigenen Wurzeln wieder spüren lernen und wir haben die Möglichkeit, zu unserem eigenen Ich und zu uns selbst zurückzukehren. Natürlich setzt das auch ein gewisses Vertrauen voraus, denn nur dann können wir uns auch tatsächlich auf die Natur einlassen. Die heutige Lebensweise ist allerdings vor allem gekennzeichnet durch übermäßiges Konsumieren und mangelnde Bewegung, wodurch wir uns von unserem eigentlichen Kern immer mehr entfremden. Nur allzu oft verlieren wir uns in oberflächlichen Dingen, blockieren uns selbst und behindern uns, unser wahres Ich zu finden. Im Wald hingegen kann sich unsere Wahrnehmung wieder ausdehnen und wir können uns wieder völlig neu entdecken. Der Wald bewertet nicht, fordert nichts und lässt Dinge unkommentiert. Er kann uns so annehmen, wir wir sind, in unserer ganzen Unvollkommenheit.

Wer durch Wälder wandert, erlebt die Persönlichkeiten der Bäume.

JOHN F. CARLSON (1875-1947)

29

Der Wald als Tempel

In vielen Kulturen standen und stehen Bäume für die Manifestation des Lebens bzw. des Göttlichen. Man denke beispielsweise an den Baum der Kabbala oder den Baum des Wissens. Besonders stark ausgeprägt ist diese Tradition in Indien, wodurch es auch möglich war, dass große Waldflächen bestehen bleiben konnten. Sie werden als Wohnraum verschiedener Gottheiten angesehen und dementsprechend respektvoll behandelt. Ein Beispiel dafür wäre der Bananenbaum, der im Hinduismus als Weltenbaum gilt.

Der Weltenbaum steht symbolisch für das Leben und stellt zugleich auch eine Verbindung zwischen dem Jenseits und dem Diesseits dar. In der Mythologie ist er zudem ein Symbol für die kosmische Ordnung und verbindet Unterwelt, Erde und Himmel miteinander. Der Stamm des Weltenbaums fungiert dabei als senkrechte Achse, die die Unter-, Mittel- und Oberwelt miteinander verbindet, wobei die Mittelwelt die Ebene darstellt, in der Seen, Berge, Wiesen oder Wälder zu finden und in der auch Pflanzen, Tiere und Menschen beheimatet sind. Die Wurzeln des Baumes gelten als der Sitz der Urmütter, die das Schicksal spinnen, zugleich sind sie aber auch das Reich der Riesen und Zwerge. Die Oberwelt setzt sich aus neun Ästen oder Himmelsreichen zusammen, in denen die Lichtwesen und Götter beheimatet sind. Im untersten Wurzelbereich hält sich meist ein schlafender Drache auf, der die Lebenskraft darstellt. Als Spitze des Weltenbaumes wurde bei einigen Völkern der Nordstern angesehen, was auch heute noch beim Weihnachtsbaum sichtbar wird, wenn wir ganz oben einen Goldstern anbringen, während die Engel, Äpfel oder Kugeln als Symbol für die Bewohner der unterschiedlichen Himmelssphären stehen. Unter dem Weihnachtsbaum ist sehr häufig eine Krippe zu finden, die die Mittelwelt darstellt. Bei den Indoeuropäern repräsentiert meistens eine Eiche bzw. eine Fichte oder Tanne den Weltenbaum, in anderen Kulturen – wie zum Beispiel bei den Mongolen – ist es hingegen die Birke. Früher hatte auch jede Siedlung, jedes Dorf einen eigenen heiligen Baum, der die Mitte symbolisierte.

Die Geschichte Europas wurde von der Kultur der Druiden stark beeinflusst, die den Wald als einen Ort sehen, in dem sich die Menschen religiös und kulturell weiterentwickeln können. Laut den Druiden beheimatet der Wald nicht nur Gottheiten, sondern er ist vor allem ein Ort, an dem man mithilfe der Bäume in Kontakt mit allem anderen treten kann. Die Bäume fungieren also quasi als Antennen, über die eine höhere Dimension erreicht werden kann. In Afrika wird der Wald als ein Sitz der Kräfte angesehen, zudem bietet er den Menschen auch Unterstützung und Trost.

Darüber hinaus verband man mit dem hohen Stamm der Bäume auch Wachstum, Stärke und Alter, was sich auch heute noch in verschiedensten Bräuchen zeigt, darunter beispielsweise der Maibaum, der Mittsommerbaum zur Sommersonnenwende, der Erntebaum oder der Mittwinter- bzw. Weihnachtsbaum. Das Aufstellen von Bäumen im Ablauf des Jahreskreises symbolisiert die Freude über die Ernte sowie das Wachstum. Aus diesem Grund entstand wahrscheinlich auch die sehr hohe kultische Stellung von Wäldern und Bäumen. In der Urzeit setzte man diesen Zyklus von Wachsen und Sterben mit allem Organischen gleich, egal ob es sich dabei um Menschen, Tiere oder Pflanzen handelte. Mensch und Natur standen daher auf gleicher Ebene miteinander in Verbindung, sodass man Bäume und Wälder besonders schützte.

Bekannt sind auch die sogenannten Baumfrevelstrafen, die immer dann zur Anwendung kamen, wenn Menschen frevelhaft in Baum oder Wald eingriffen und die ihren Ursprung in vorgeschichtlicher Zeit haben. Man war der Ansicht, dass in einem Baum immer auch ein Baumgeist wohne, der bei einer Verletzung des Baumes dann an Schmerzen litt. Die Baumfrevelstrafen wurden von den Bewohnern eines Dorfes selbst erlassen und man nahm an, dass der Baumwipfel den Kopf, der Bast die Eingeweide sowie die Rinde die Haut eines Baumes darstellten.

Im alten Rom war man der Ansicht, dass jeder erwachsene Baum von einem göttlichen Schutzgeist bewohnt wurde. Jeder Natur-Baum bzw. jeder Natur-Wald stellte demnach einen Götterwohnsitz dar. Es gab zwei Arten heiliger Wälder, nämlich der sogenannte „sacra nemora" bzw. der „luci". In diesen heiligen Wäldern wuchsen Bäume unterschiedlichster Arten und Größe und sie waren den Göttern geweiht. Sie durften nicht materiell genutzt werden und es war zudem nicht möglich, die Haine zu besitzen. Durch Opfergaben versuchte man, die Baumgeister positiv zu stimmen, wobei man dafür Äpfel, Schmuck oder andere Früchte an den Zweigen aufhängte oder vor einen Baum legte. Vor allem große und hohe Bäume – so glaubte man – waren ein beliebter Aufenthaltsort von unterschiedlichsten Dämonen und Geistern. Nach dem Volksglauben hielten sich dabei im Baum nur einzelne Geister und Dämonen auf, während sich im Wald Scharen von guten und bösen Naturgeistern tummelten, darunter beispielsweise Waldgespenster, Waldzwerge, Kobolde, Feen und Elfen. Die guten Geister lebten dabei vor allem in Eichen-Nadelmischwäldern, während sich die bösen Geister in Tannen-, Fichten- oder Buchenwäldern aufhielten.

Die katholische Kirche lehnte diese Riten, die mit dem Heidentum verbunden waren, ab und begann daher, jene Bäume, die den Göttern geweiht waren, zu fällen. Trotzdem wurde die Vorstellung, dass übernatürliche Wesen in den

33

Bäumen lebten, nicht gänzlich ausgelöscht, sodass sich die Kirche schließlich zum Teil diesen Vorstellungen anpasste und einige davon übernahm. Das zeigt sich beispielsweise in weihnachtlichen Bräuchen, aber auch in anderen Feiern wie Pfingsten oder Ostern.

Heute erfreuen sich Naturbestattungen und Waldfriedhöfe wieder großer Beliebtheit, wobei hier vor allem der Gedanke des Weiterlebens im Vordergrund steht. In der Erde entsteht aus dem Leichnam wieder neues Leben, ein Motiv, das bereits in der griechischen Sagenwelt eine wesentliche Rolle spielte. Hier werden Baucis und Philemon in eine Linde bzw. Eiche verwandelt, ihre Zweige berühren sich, sodass sie auch im Tod miteinander verbunden sind.

Ich gehe in den Wald, um meinen
Verstand zu verlieren und meine
Seele zu finden.

JOHN MUIR (1838-1914)

Vom Zauber der Bäume

Was macht einen Wald zum Wald? Natürlich die Bäume. In Filmen wie zum Beispiel „Herr der Ringe" erscheinen Bäume manchmal als lebendige Wesen und auch der Film „Avatar" zeigt, wie die Pflanzen des Waldes miteinander in Kontakt treten bzw. in Verbindung stehen. Menschen, die sehr naturverbunden sind, sehen den Wald zudem als einen Organismus, in dem Bäume, Pflanzen und Tiere miteinander in Verbindung stehen, daher kann auch jeder Mensch, der im Wald unterwegs ist, ein Teil davon werden, sofern er bereit ist, sich auf diesen einzulassen und sich für die Kräfte, die dort wirken, zu öffnen.

Bäume sind somit die wichtigsten Bestandteile eines Waldes und werden hiermit zu einem Sinnbild für den Wald an sich. Sie spielen vor allem religionsgeschichtlich eine wesentliche Rolle, sodass man sehr häufig von „heiligen Bäumen" spricht. An Bäumen kann sich unser Blick aufrichten, sie werden zu einer Art „Himmelsleiter", während ihre Wurzeln uns Halt geben, jenen Halt, den wir in verschiedenen Situationen immer wieder suchen. Früher vertrauten die Frauen den Baumwurzeln ihre Nachgeburt an und auch heute noch pflanzen wir Bäume, wenn ein Kind geboren wird. Dieser Baum steht dann symbolisch für das Leben des Neugeborenen, das sich seiner Wurzeln bewusst werden und einen aufrechten Charakter entwickeln soll. Ein entwurzelter

Baum hingegen steht als Symbol für ein gescheitertes Leben, ein Ausdruck, der bereits in den Geschichten rund um die Göttin Inanna-Ischtar zu finden ist. Hier wird die Himmelskönigin vom bekannten Huluppu-Baum aus dem Euphrat gezogen, sie pflanzt ihn anschließend in ihrem Garten und hegt und pflegt ihn. Es ist ihr Lebensbaum, der ihr aber bald über den Kopf wächst und der Wesen beherbergt, die sie nicht kennt. Die Göttin möchte allerdings ein Bett und einen Thron aus ihm anfertigen lassen, ein Geschenk, das uns Bäume machen, denn man kann sie zu den unterschiedlichsten Dingen verarbeiten. Das größte Heiligtum ist allerdings der Baum selbst.

In unserer heimischen Mythologie sah man Bäume als heilige weibliche Wesen an, man nannte sie beim Namen wie zum Beispiel Frau Ellhorn (Holunder) oder Frau Linde, wobei „Frau" in diesem Zusammenhang gleichbedeutend mit Göttin war. Aus diesem Grund durften viele Bäume wie der Wacholder, der Holunder oder die Eiche auch nicht gefällt werden, da man sich vorstellte, dass im Baum Nymphen lebten, die beim Fällen zu bluten anfingen. Außerdem erfährt man aus den Mythen, dass die Kinder früher aus einem Baum geboren worden seien. Laut der nordischen Mythologie soll überhaupt die ganze Menschheit von Bäumen abstammen, war man doch der Ansicht, dass das erste Menschenpaar aus zwei Baumstämmen erschaffen wurde. Ask, der Mann, entstand dabei aus einer Esche, Embla, die Frau, aus einer Erle.

Im Gegensatz zur monotheistischen Weltsicht, in der man Pflanzen bzw. Tiere als unbeseelte Objekte sieht, wird also laut der animistischen Glaubensvorstellung jeder Gegenstand von einer göttlichen Instanz bewohnt. Das Heilige ist also ständig spürbar und lebt beispielsweise auch im japanischen Shintoismus weiter. Das beweist eine Vielzahl an Plätzen der Naturverehrung wie beispielsweise die Sakaki-Bäume, die als Sitz der Götter gelten. Grundsätzlich werden im shintoistischen Glauben aber alle Bäume von Gottheiten bewohnt, was auch der Terminus „kodama" zeigt. Das Wort „kodama" bedeutet soviel wie Baumseele und verweist darauf, dass man in prähistorischen Zeiten noch an Naturgeister glaubte. Der Volkskundler Yanagita Kunio gab in seinen Schriften zudem Reisenden, die im Freien nächtigen wollten, die Anweisung, den Gott des Bergwaldes zunächst um Erlaubnis zu bitten und sich anschließend einen viereckigen Platz mit Zweigen abzustecken, der dann den geschützten Raum des Wanderers signalisierte.

Wie können wir uns diese Verbindung zwischen Baum und Mensch aber erklären? Nach überlieferten Auffassungen ist diese ganz besondere Zuneigung (oder auch Abneigung) in der gesamten beseelten Natur zu finden, alles steht also miteinander in Verbindung, ist vernetzt, wobei sich diese Vernetzung auf einer feinstofflichen Ebene abspielt. Wählte

38

man also früher einen Baum beispielsweise für ein neugeborenes Kind aus, so war es wichtig, dass dieser Baum mit ihm harmonierte und dass sich seine Veranlagungen mit ihm ergänzten. Trug man die Nachgeburt an den Baum, so verbanden sich die feinstofflichen Lebenskräfte des Kindes mit jenen des Baumes und blieben auch das ganze Leben lang erhalten. So konnte ein Baum auch den gesundheitlichen Zustand eines Kindes widerspiegeln.

Auch vom Bayernkönig Ludwig II berichtete man, dass er in den Bergen mehrere Bäume wie ein göttliches Wesen verehrte und liebevoll umarmte. Fürst Bismarck zog es regelmäßig zu einer Birke, um neue Kraft zu tanken, und viele Denker und Dichter bauten sich in Baumkronen Lauben, um sich dort mit den Bäumen auszutauschen.

Auch wir können, wenn wir durch einen Wald spazieren, heute spüren, wie sich die Energiefelder von Baum und Mensch verbinden und sich ausgleichen, sodass wir wir dann wieder voller Lebenskraft nachhause zurückkehren. Viele von uns haben sich aber davon vollkommen isoliert und sich die Natur sogar zum Feind gemacht. Die Antroposophen glauben, dass diese Entzweiung mit der Geburt des „Ich" bzw. des „Ego" vonstatten ging, wodurch viele Wesensstrukturen überlagert bzw. zurückgedrängt wurden. Gleichzeitig wurde in den Menschen der Glaube erweckt, dass sie sich von allem anderen unterschieden und dass sie nur dann bestehen können, wenn sie sich alles, was sich außerhalb von ihnen befindet, untertan machen, was leider auch heute noch teilweise der Fall ist. Dennoch ist es auf jeden Fall einen Versuch wert, mit Bäumen wieder vermehrt in Kontakt zu treten, haben sie doch die Fähigkeit, unsere Seele zu nähren und unseren Körper und Geist zu stärken. Vielleicht fühlen Sie sich zu einer ganz bestimmten Art von Baum hingezogen, denn bei jeder Baumart kann man auch bestimmte „Charakterzüge" erkennen, die der eigenen Persönlichkeit entsprechen. Verändert sich Ihr Verhalten oder Ihre Persönlichkeit, so könnten Sie sich dann wieder von einem anderen Baum verstanden fühlen. Grundsätzlich wird man aber meist von Bäumen angezogen, die zum entsprechenden Zeitpunkt am Besten als Lehrer geeignet sind. Und sie lehren uns viel: Sie zeigen uns, wie wichtig es ist, in einer Zeit, die äußerst schnelllebig ist, zur Ruhe zu kommen und sich zu verwurzeln, denn nur wer feste Wurzeln hat, wird auch Stürme überstehen. Gleichzeitig gilt es aber auch, beweglich zu bleiben und sich dem Licht entgegenzustrecken, genau so, wie es auch die Bäume tun.

Ich machte einen Spaziergang im Wald und kam größer heraus als die Bäume.

HENRY DAVID THOREAU (1817-1862)

41

Der Wald: Schauplatz von Märchen, Sagen und Mythen

Bis zum Anfang des Mittelalters war ein Großteil Mitteleuropas mit Wäldern bedeckt. Waldfreie Gebiete gab es nur in den alpinen Hochlagen und an Standorten, die man für die Landwirtschaft nutzte. Darüber hinaus fanden sich unbewaldete Flächen auch an Mooren oder entlang von Flüssen. So gehörten die Wälder einerseits zum alltäglichen Leben, andererseits waren sie aber auch mystische Orte, die eine ganz besondere Bedeutung hatten. So war man beispielsweise im Volksglauben der Ansicht, dass sich in alten und großen Bäumen neben Wasserquellen oder Steinen Geister und Dämonen aufhielten. Im antiken Griechenland bzw. Rom glaubte man zudem, dass in jedem Baum eine sogenannte Dryade oder Nymphe wohnte. Dryaden haben die Fähigkeit, den Baum zu verlassen, und sie können sich auch mit anderen Dryaden treffen. Nach dem Tod eines Baumes können sie außerdem einen neuen Baum beziehen. Bricht beispielsweise bei einem Sturm ein Ast ab, so bleibt ein Teil der Dryade in diesem zurück, wodurch der Ast dann ganz besondere Fähigkeiten hat.

Bei den Germanen nannte man die Naturgeister Elfen, wobei White Eagle dazu Folgendes sagt: *„Diese Naturgeister beschäftigen sich unter anderem mit dem Auf- und Niedersteigen der Lebenskräfte innerhalb von Pflanzen und*

Bäumen. Wären deine Augen geöffnet, dann würdest du solche Geister in fröhlich rauschenden, plätschernden Bächen sehen. Es sind glitzernde Wassergeister, die Nymphen und Nixen. Du könntest auch Sylphen oder Luftgeister mit ausgebreiteten Flügeln sehen, oder Salamander, die Feuergeister inmitten eines flammenden Feuers."

Naturgeister halten sich vorwiegend in naturbelassenen Gebieten auf und meiden Bereiche, in denen starke Emotionen vorherrschen, wie zum Beispiel Städte. Daher verfügt ein unberührter Waldstrich meist auch über eine größere Lebenskraft, da hier mehr Elementargeister und Naturwesen anzutreffen sind. Elfen gab es für ganz unterschiedliche Naturbereiche, dazu zählen zum Beispiel Nixen, Zwerge, Baum- und Waldelfen oder Feld- und Weideelfen. Naturgeister bewohnen häufig knorrige und moosbehangene Bäume, deren Stämme oft merkwürdig gedreht sind. Zudem sind sie meist voller Insekten und Wurmlöcher und harzen stark. Geomanten können unter solchen Bäumen fast immer erdmagnetische Energiewirbel bzw. Wasseradern finden. Darüber hinaus gibt es auch sogenannte Sylvani oder Waldfräuleins, die sehr kräuterkundig sind und vor allem während der Pest häufig verzweifelten Menschen erschienen, die keine Kräfte mehr hatten, und ihnen gute Ratschläge erteilten. Elfen hielten sich meistens auf Waldlichtungen oder in Auen auf, wo sie musizierten und tanzten. Die Menschen wussten aber gleichzeitig auch, dass diese sehr gefährlich sein konnten, denn wer sich auf einen Tanz mit ihnen einließ, war oftmals mehrere Jahre lang verschollen.

In der nordischen Mythologie stellt der Wald einen Ort dar, den man besser meiden sollte. Hier gibt es beispielsweise den Eisenwald oder Järnskogen, einen finsteren Urwald, der die Menschen in Angst und Schrecken versetzt. Zahlreiche furchterregende Wesen sind hier zuhause, darunter beispielsweise die Riesin Angrboda oder der Wolf Hati. Aber auch Waldtrolle spielen in den bekannten skandinavischen Märchen eine nicht unwesentliche Rolle. Ihre Haare setzen sich aus Flechten und Moosen zusammen, sie benutzen den Mond als Auge und eine Fichte als Stock. Waldtrolle dürfen sich der Sonne nicht aussetzen, da sie sonst zu Stein werden.

In den Geschichten der Inuit hingegen leben launische vielköpfige Gestalten in den Nadelwäldern, wobei viele davon zoomorph sind, das heißt, sie stellen eine Mischung aus Bären, Moschusochsen oder Wölfen dar und können sich auch in ein anderes Wesen verwandeln.

Die bekannte Erdgöttin der slawischen Völker Baba Jaga ist sehr alt und verkörpert sowohl das Gute als auch das Böse. Ihr Häuschen im Wald ist auf einem Hühnerbein fixiert und wenn sie durch die Lüfte fliegt, so nimmt sie auf einem Mörser Platz, der mit einem Birkenstößel gesteuert wird. Wenn man der Erdgöttin begegnet, so geht man daraus verwandelt hervor. Auch der Geist des Waldes tritt in den unterschiedlichsten Gestalten auf. Im Riesengebirge ist es beispielsweise Rübezahl, bei den Tschechen wird er Krakanosch genannt. Er behütet die Tiere und Bäume, hilft den guten Menschen und bestraft die geizigen und bösen. Solch ein Geist ist in jedem Wald zu finden. Immer wieder ist zudem auch die Rede vom G'schneitweible, einer älteren Frau mit weißem Haar, die den Wanderern hilft, die sich in den Schluchten und Wäldern verirrt haben. Sie bietet ihnen ihre Hilfe an, führt sie dann allerdings in einem großen Kreis herum, sodass es oftmals Tage dauert, bis die Wanderer wieder aus dem Wald gelangen.

Grundsätzlich glauben sehr viele spirituelle Traditionen an das Vorhandensein von nicht-materiellen Wesenheiten, die einen Einfluss auf unser physisches bzw. psychisch-energetisches System haben. Dazu zählen Naturgeister, Elementarwesen, Engel und Götter. Somit sind Wälder nicht nur öko-biologische, sondern auch energetische Räume, in denen Naturgeister beheimatet sind, denen man – sobald man einen Wald betritt – ausgesetzt ist.

Aber auch in den Märchen spielen Wälder eine nicht unwesentliche Rolle. Sie sind einerseits die Landschaft, in der sich gefährliche Tiere aufhalten und die auch wichtige Ressourcen liefert, andererseits stellen Wälder in Märchen aber auch einen Raum des Wandels dar. Rotkäppchen begegnet beispielsweise im Wald dem Wolf und lernt daraus,

45

dass man nicht jedem trauen sollte. Hänsel und Gretel entkommen im Wald der bösen Hexe und Schneewittchen hält sich mit den sieben Zwergen ebenfalls eine Zeit lang im Wald auf, bevor sie dann wieder auf das väterliche Schloss zurückkehrt. Diese kleine Auswahl an Märchen zeigt bereits, dass der Held im Wald eine innere Wandlung durchlebt und damit zur Reife gelangt. Dafür müssen aber eine Reihe von Prüfungen bestanden werden. Manchmal sträuben sich die Figuren auch gegen eine Wandlung, verstecken sich und können sich von diesen Zwängen erst durch die Hilfe anderer Menschen befreien. Grundsätzlich haftet dem Wald auch immer etwas Ambivalentes an, da er sowohl eine verheißungsvolle als auch eine bedrohliche Wirkung haben kann. Im romantischen Kunstmärchen dient der Wald dann auch als Rückzugsort und Schutzraum, in dem alte Werte noch Beständigkeit haben.

Komm in die Wälder, denn hier ist
Ruhe. Es gibt keine andere Ruhe als
die des grünen, tiefen Waldes.

JOHN MUIR (1838-1914)

47

Der Wald in der Literatur – eine Auswahl

Das Motiv des Waldes in der Literatur kann bis in die Antike zurückverfolgt werden. Man findet ihn hier als sogenannten „locus amoenus", als lieblichen Ort, aber auch als „locus terribilis". In den Artusromanen des Mittelalters wird der Wald dann zum Entwicklungsort für den Helden. Außerdem wird der Terminus „Wildnis" ab dem 13. Jahrhundert immer häufiger dem Weltlichen entgegengesetzt und entwickelt sich daher in der Literatur auch zu einer Art Flucht- und Selbstfindungsraum.

Wirft man einen Blick auf den Buchmarkt, so lässt sich feststellen, dass es in den letzten Jahren einen regelrechten Boom an grünen Titeln gegeben hat. Eines der bekanntesten Bücher erschien aber bereits vor über 150 Jahren in den USA: „Walden oder Leben in den Wäldern" des Philosophen H.D. Thoreau, der sich in der Mitte des 19. Jahrhunderts in eine Waldhütte zurückzog, um der gestressten Welt zu entfliehen. Für Thoreau war der Wald Glück, aber gleichzeitig auch Widerstand, während die deutschen Romantiker wie beispielsweise Joseph von Eichendorff den Wäldern regelrecht entgegenseufzten:

„O Täler weit, o Höhen,

o schöner, grüner Wald

du meiner Lust und Wehen

andächt´ger Aufenthalt."

H.D. Thoreau diente auch dem „literarischen Naturforscher" John Burroughs als Vorbild, der in „Von der Kunst, Dinge zu sehen" schreibt: *„Man muss den Vogel in seinem Herzen tragen, bevor man ihn im Gebüsch vorfinden kann."* Burroughs wanderte durch die Natur und beobachtete. Dieses Beobachten sah er als Kunst an, der man sich entweder wissenschaftlich oder emotional annähern könne. Ebenso erwähnenswert ist die Schriftstellerin Annie Proulx, die vor allem für ihre intensiven Landschaftsschilderungen bekannt ist. Erwähnenswert ist beispielsweise ihr Roman „Aus hartem Holz", der im heutigen Kanada spielt und in dem die Fragen von Nachhaltigkeit und Raubbau verhandelt werden.

Aber auch Roger Deakin begibt sich in „Wilde Wälder" auf die Suche nach dem Zauber der Bäume. Er bezeichnet Holz als das fünfte Element, streift durch die Wälder seiner Heimat, aber auch durch jene in Kirgisistan oder in den Pyrenäen, um aufzuzeigen, welche große Bedeutung Bäume haben: *„Im Wald haben wir das starke Gefühl, in den Tanz der Schatten im tiefen Laub einzutauchen, und auch das mit der Jahreszeit einhergehende Aufsteigen und Absinken des Baumsafts ist wie Flut und Ebbe und wie sie vom Mond beeinflusst. Durch Bäume sehen und hören wir den Wind: Menschen aus Waldgegenden können jede Baumart am Rauschen ihrer Blätter erkennen."*

Ebenso bekannt ist Richard Powers Buch „Die Wurzeln des Lebens", das im amerikanischen Original „The Overstory" heißt. Als „Overstory" wird dabei die Baumkrone bezeichnet, wobei auch einer der Abschnitte im Buch diesen Titel trägt. Powers erzählt in „Die Wurzeln des Lebens" von neun Menschen und ihren liebsten Bäumen, berichtet von Baumhäusern und dem Geruch von Holz. Gleich 21 Bäume hat Rudi Palla für „Unter Bäumen" ausgewählt, wobei zwanzig davon tatsächlich existieren und einer von Gabriel Garcia Marquez stammt. Palla ist vor allem fasziniert von den ganz alten Bäumen, deren Wachstum er auch mit der Menschheitsgeschichte vergleicht. In den einzelnen Kapiteln lässt er zudem sehr viele Dichter und Schriftsteller zu Wort kommen, darunter beispielsweise Hans Magnus Enzensberger, der sagt: *„Heute ist es fast ein Verbrechen, nicht über Bäume zu sprechen. Wir wissen doch, dass die Biosphäre nicht im besten Zustand ist, insofern ist die Verteidigung der Bäume – der Natur – auch eine Pflicht, wenn man überhaupt die Dichter zu irgendetwas verpflichten will."*

Eines der derzeit bekanntesten Waldbücher ist wohl Peter Wohllebens „Das geheime Leben der Bäume", in dem der Förster den Wald aus einer ganz anderen Perspektive zeigt und dabei nicht nur wissenschaftliche Erkenntnisse, sondern auch seine eigenen Erfahrungen berücksichtigt. Was ist es, was die Menschen in solchen Büchern suchen? Es sind vor allem die Langsamkeit und die Ruhe. Der Wald bildet hier gleichsam eine Gegenwelt zur Wirklichkeit. Er liegt vor uns wie ein grünes Meer, in das wir flüchten können, wenn uns der Alltagsstress oder andere Sorgen plagen.

Der Wald in der Philosphie

Am Anfang waren die Wälder. Bis die Menschen dann irgendwann die Idee hatten, Lichtungen in die Wälder zu schlagen. Damit begann auch die Zivilisation und die Menschen entfremdeten sich immer mehr von der Natur. Der Philosoph Giambattista Vico, der im 18. Jahrhundert lebte, war beispielsweise der Ansicht, dass ein Wald wie ein seltenes Eiland anmutet, in dem das ursprüngliche und wilde Leben noch erhalten geblieben ist. Den Höhepunkt dieses Prozesses haben wir bereits erreicht. Die Wälder sind gelichtet, sie werden vom System der Ökonomie und der Rationalität durchdrungen, während das Wilde immer mehr verdrängt wird. Dabei ist diese Katastrophe darauf zurückzuführen, dass dem Menschen die Natur immer fremder wird, eine Dynamik, die es auch auf geistiger Ebene zu durchdringen gilt. Notwendig dafür wäre eine Revolution in unserem Denken, indem wir die Welt aus der Sicht der Wälder sehen, könnte ein Wandel stattfinden.

Gaston Bachelard ordnet den Wald in seiner im Jahr 1957 erschienenen „Poetik des Raumes" der Kategorie der „inneren Unermesslichkeit" zu, das heißt, man taucht in eine Welt ohne Grenze ein, in eine Tiefe, die sich kaum in Worte fassen lässt. Diese Tiefendimension ist uns heute vielfach abhandengekommen. Wir starren auf flache Bildschirme, führen Small Talks, sehnen uns aber gleichzeitig nach Ursprünglichkeit und Echtheit, wie man sie eben in Wäldern finden kann. Allerdings sind die Angebote unserer modernen Konsumwelt, die das Stillen dieser Sehnsucht versprechen, meist ebenso flach, sodass uns die Erfahrung eines tiefen Eintauchens in die Natur nicht selten verwehrt bleibt. Sehr gut sichtbar wird das beispielsweise am Phänomen „Waldbilder", die zu Tausenden täglich in den sozialen Medien kursieren. Solche Fotos können unsere Sehnsucht nach Echtheit aber nur teilweise befriedigen, denn letzten Endes geht des immer darum, selbst in das raue und echte Leben einzutauchen und eigene Natur- bzw. Walderfahrungen zu sammeln.

Jeder Zweig des Waldes bewegt sich anders im Wind, aber während sie sich schwingen, verbinden sie sich an den Wurzeln.

RUMI (1207-1273)

53

Der Wald in der Kunst

Auch in der Kunst spielte der Wald immer schon eine bedeutende Rolle. Im Mittelalter bzw. in der frühen Neuzeit waren Walddarstellungen aber eher noch sehr selten zu finden. Damals war der Wald tatsächlich noch eine Wildnis und erweckte bei vielen die Angst vor dem Verschlungenwerden oder dem Tod. Einzig und allein in der Buchmalerei sind Bilder von Wäldern zu finden, darunter beispielsweise im bekannten Stundenbuch „Très Riches Heures", das aus dem 15. Jahrhundert stammt. Ebenso erwähnenswert ist „Das Buch der Jagd", ein spätmittelalterliches Werk, das man mit Miniaturen illustrierte. Die Umgebung der Tiere, die darin abgebildet war, stellte man dabei äußerst detailreich dar, ganz egal ob es sich dabei um Nadel-, Laub- oder Bergwälder handelte. Allerdings nahm der Wald hier eher eine schmückende Funktion ein und war daher auch dem Kontext untergeordnet. Ab der frühen Renaissance wurde dem Wald dann etwas mehr Raum gegeben, indem man zum Beispiel einzelne Bäume aneinanderreihte, dennoch war er auch zu dieser Zeit eher noch ein Phänomen am Rande.

Im Laufe der Zeit wurden Wälder dann immer realistischer gemalt. Ein Grund dafür war, dass man eine weite Landschaft sehr viel einfacher darstellen konnte als eine dichte und unübersichtliche Baumwelt. Darüber hinaus sah man im Laufe der Zeit den Wald nicht mehr nur als einen Ort der Gefahr, sondern auch als Landschaft bzw. als einen Ort der Freiheit. „Die wilden Leute", die im Wald zuhause waren, beschrieb man als einfach und aufrichtig und sie galten auch als Vorbilder, da sie sich von weltlichen Dingen völlig unbeeindruckt zeigten. Wer zurückgezogen im Wald lebte, galt als edel und der Wald stellte nun einen verklärten Ort dar. Wenn man sich die Bilder von Albrecht Dürer oder Albrecht Altdorfer ansieht, so ist ersichtlich, dass Wälder nun selbständig erscheinen und damit auch kunstwürdig wurden. Dadurch manifestierte sich auch das sogenannte Waldstillleben, eine Kunstgattung, die von Holland aus ihren Anfang nahm. Eine weitere Veränderung trat dann auch mit dem Maler Caspar David Friedrich ein. In seinen Werken stellt er zum Beispiel einsame Wanderer im Wald dar und bringt damit die große Sehnsucht nach unberührter Natur zum Ausdruck. Immer aber schwingt auch eine Stimmung von Vergänglichkeit und Einsamkeit mit. Aus diesem Grund wird der Wald auch heute noch als Sehnsuchtsort gesehen.

In der Romantik wird das Naturempfinden großgeschrieben. Die Natur wurde zu dieser Zeit als eine Art Zufluchtsort betrachtet, sodass auch der Wald mit Symbolik aufgeladen wurde. Dies führte dazu, dass man ihn romantisierte und dass er in den Menschen Nationsgefühle weckte. Man sah den Wald sogar als „Ursprung der Deutschen", was auch spätere nationalsozialistische Kunstformen beeinflusste. Die Darstellungsweise war dabei realistisch, wurde aber dennoch von einer Idylle begleitet, wodurch das Heimatgefühl hervorgehoben werden sollte.

Der Wald wurde also erst relativ spät ein eigenständiges Bildmotiv und das Interesse an ihm stieg noch durch das Entstehen der Freiluftmalerei. Waldwege machten ihn dann auch zugänglich, sodass die Kunstschaffenden nun auch Lichtungen, Höhlen oder Schluchten malen konnten, was auch an Bildtiteln wie „Lichtung im Wald" deutlich wird. Im Impressionismus löste man sich dann aber von der naturalistischen Wiedergabe des Waldes und Form, Farbe und Bewegung traten in den Vordergrund. Diese Loslösung von der Form setzte sich dann in der Moderne weiter fort und man stellte den Bezug zum Wald hauptsächlich durch symbolstarke Materialien her. Deutlich wird dadurch aber auch die Entfremdung von den Wäldern, bringt man doch Holzprodukte kaum noch mit dem Ursprung in Verbindung.

Zudem sind heute viele Künstler auch naturpolitisch tätig und wollen auf die Zerstörung von Landschaften aufmerksam machen. Einige Künstler setzten sich bereits in den 1960er bzw. 1970er Jahren mit dieser Thematik auseinander, darunter beispielsweise Joseph Beuys, der auf der dokumenta im Jahr 1982 rund 7000 Eichen pflanzen ließ und der Ansicht war, dass Tiere und Pflanzen ein eigenes Rechtssystem haben sollten.

Darüber hinaus spielt heute auch der digitale Raum eine immer wichtigere Rolle. So erschafft der Berliner Künstler Andreas Greiner digitale Waldlandschaften und errechnet aus einer Vielzahl an Fotos eine künstliche Intelligenz. Damit geht er der Frage nach, was eine technische Instanz unter einem Urbild des Natürlichen verstehen könnte.

Sehr interessant ist zudem das Projekt Sculpture Forest Sanctuary, das in St. Ulrich in Südtirol umgesetzt wurde. Hier stehen in einem Wald nun Holzskulpturen, die dem Besitzer geschenkt wurden. Im Gegenzug muss er den Wald für zumindest 100 Jahre unberührt lassen, damit untersucht werden kann, wie sich Tiere, Pilze und Pflanzen an den Klimawandel anpassen. Die Skulpturen kann man nur auf einem schmalen Weg bestaunen und das Gebiet soll in weiterer Folge zu einer geistigen Stätte werden.

Ich ging in die Wälder, denn ich wollte wohlüberlegt leben.

HENRY DAVID THOREAU (1817-1862)

Die Heilkraft des Waldes

Wälder sind äußerst komplexe Ökosysteme, wobei unser Planet über rund vier Milliarden Hektar Waldfläche verfügt, was fast einem Drittel der weltweiten Landfläche entspricht. Darüber hinaus herrscht in den Wäldern eine enorme Artenvielfalt vor, denn von den rund 1,6 Millionen Pflanzen-, Pilz- bzw. Tierarten sind etwa zwei Drittel davon in Wäldern zu finden.

Wälder gibt es überall auf der Welt, dennoch gleicht kein Wald dem anderen. Man unterscheidet dabei zwischen Mischwäldern, Nadelwäldern, Hartlaubwäldern bzw. tropischen Regenwäldern. Wälder spielen für das Leben auf der Erde eine äußerst wichtige Rolle: Sie speichern Kohlendioxid, produzieren Sauerstoff und schenken uns zudem Waldfrüchte, Pilze oder Honig. Darüber hinaus wird der Wald immer häufiger auch für therapeutische Zwecke eingesetzt, was an seinem ganz speziellen Kommunikationssystem liegt: Waldpflanzen teilen sich über sogenannte Terpene, chemische Substanzen, mit, wobei es sich dabei um Moleküle handelt, in denen bestimmte Botschaften und Informationen abgespeichert sind. Um die Informationen zu verarbeiten, benötigt es immer eine Sender- bzw. eine Empfängerpflanze. Sind wir nun im Wald unterwegs, so trifft das System der Pflanzen auf unser Immunsystem und zahlreiche bioaktive Substanzen strömen auf uns ein. Vor allem Terpene werden von uns über die Haut bzw. die Lungen aufgenommen, wodurch unser Abwehrsystem aktiviert wird. Verbringen wir nun beispielsweise einen Tag im Wald, so wird die Zahl unserer Killerzellen, die für die Abwehr von Bakterien, Viren oder Tumorzellen zuständig sind, um rund 40 Prozent gesteigert, bei zwei Tagen wären es sogar über 50 Prozent.

Was beim „Walden" passiert

Wenn wir regelmäßig im Wald unterwegs sind, so können wir unsere Sinne trainieren und schärfen, wodurch es uns in weiterer Folge auch im Alltag leichter fällt, wichtige von unwichtigen Informationen zu unterscheiden. Eine geschulte Wahrnehmung lässt uns sanfter und feinfühliger werden und wir können unser Umfeld mit größerer Achtsamkeit betrachten. Gerade der Wald ist eine sehr gute „Schule" für unsere Sinne: So nehmen die Augen verschiedenste Lichtverhältnisse wahr und auch der Geruchssinn kann neue Eindrücke aufnehmen. Zudem können wir bei einem Waldspaziergang auch Blätterrascheln oder Vogelgezwitscher vernehmen, was wiederum unseren Hörsinn anspricht. Darüber hinaus können wir mit unseren Füßen oder Fingern unterschiedlichste Naturmaterialien erspüren und unseren Geschmackssinn durch das Probieren von Waldfrüchten ansprechen. Vor allem unsere Augen, die heutzutage an flache Smartphones und Bildschirme gewöhnt sind, profitieren vom „Walden", denn hier können sie entspannen und sowohl fokussieren als auch in die Ferne schauen. Zudem sind unsere Ohren ebenfalls ständigem Lärm ausgesetzt, was unter Umständen zu Konzentrationsproblemen, Schlafstörungen, erhöhtem Blutdruck oder Kopfschmerzen führen kann. Im Wald ist die Geräuschkulisse sehr sanft und man kann sich bestens auf einzelne Laute konzentrieren.

Wie lange sollte man nun im Wald verweilen? Dr. Qing Lis empfiehlt, sich für ein Waldbad zumindest zwei Stunden Zeit zu nehmen und dabei ungefähr 2,5 Kilometer zurückzulegen. Wer mehr Zeit zur Verfügung hat, bleibt am besten vier Stunden im Wald und sollte dabei eine Strecke von etwa fünf Kilometer bewältigen. Nehmen Sie auch genügend Wasser oder Tee mit und suchen Sie sich einen Platz, der Sie anspricht und an dem Sie einfach nur gemütlich sitzen und die Natur auf sich wirken lassen können. Jeder Aufenthalt im Wald stärkt Körper, Geist und Seele, ganz egal zu welcher Tageszeit man dort unterwegs ist. Außerdem hat jeder Waldtyp auch sein ganz spezielles Klima, wodurch sich verschiedene gesundheitsfördernde Elemente ergeben: Ist die Luftqualität hoch, so werden Haut und Atemwege entlastet, sind die Lufttemperaturen niedrig, werden wir dadurch abgehärtet und können unsere körperliche Leistungsfähigkeit steigern. Durch die speziellen Lichtverhältnisse, die im Wald herrschen, wird zudem unsere Stimmung verbessert und der Waldboden wirkt sich positiv

61

auf Rücken- und Gelenkbeschwerden aus. Darüber hinaus beruhigt die Farbe Grün unser Nervensystem und kann Heilungsprozesse in Gang setzen.

Regelmäßige Aufenthalte im Wald können außerdem die Konzentration der Stresshormone Cortisol, Adrenalin und Noradrenalin reduzieren sowie den Blutdruck senken. Zudem wird unsere Herzfunktion geschützt und das parasympathische Nervensystem angeregt. Waldausflüge können zudem unsere körpereigene Abwehr stärken und unsere Zellen schützen.

Ein Tag im Wald – ein Mini-Retreat

Manchmal muss man sich von der äußeren Welt zurückziehen, neue Energie sammeln und sich innerlich reinigen. Bei einem Tag im Wald können Sie ganz bewusst Ihrem Herzen zuhören, sich neu orientieren und vielleicht auch Visionen für die Gestaltung Ihres Lebens finden.

Bevor Sie den Wald betreten, suchen Sie sich einen Stein und legen Sie Ihn vor sich ab. Legen Sie gleichzeitig in Gedanken alles ab, was Sie für diesen Tag ebenfalls hinter sich lassen möchten: Stress, Alltagsprobleme etc. Lassen Sie Ihre Gedanken zur Ruhe kommen und spazieren Sie dann gemütlich los.

Was Sie für Ihr Mini-Retreat im Wald mitnehmen sollten:

- einen Rucksack

- genügend Wasser

- eine Jause

- ein kleines Kissen oder eine Decke

- Notizblock und Schreibzeug

- Eukalyptus-Öl, um Insekten abzuwehren

- Vogelfutter – als kleines Dankeschön an Wald und Vögel

- leichte Regenjacke

- Smartphone im Ruhemodus (für Notrufe)

- kleines Messer und Taschenlampe

Den Waldboden spüren – Geh-Meditation im Wald

Bevor Sie Ihre Geh-Meditation starten, legen Sie eine Intention dafür fest. Dadurch wird Ihr Bewusstsein in die richtige Richtung gelenkt. Setzen Sie in der ersten Hälfte Ihrer Meditation vor allem Ihren Geruchs-, Hör- und Sehsinn ein, um voll und ganz im gegenwärtigen Augenblick zu sein: Beobachten Sie dann alles, was Sie rund um sich herum sehen, und versuchen Sie, Dinge zu finden, die Sie in Staunen versetzen. Sollten negative Gedanken aufkommen, so müssen Sie diese nicht unterdrücken, stattdessen können Sie die Natur nutzen, um diese durch positive Inspirationen zu ersetzen. Sobald Sie spüren, dass Sie ganz im Hier und Jetzt angekommen sind, können Sie Ihr Tempo noch einmal verlangsamen. Spüren Sie dabei, wie sich der Boden anfühlt, nehmen Sie Unterschiede wie zum Beispiel weiches Moos oder harten Waldboden wahr. Die Geh-Meditation können Sie so lange fortführen, wie Sie es als angenehm empfinden, anschließend setzen Sie Ihren Waldspaziergang in normalem Tempo fort.

Einfach ausatmen – Entspannung durch Atemübungen

Suchen Sie sich nun einen Baumstamm Ihrer Wahl und machen Sie es sich dort auf einem mitgebrachten Kissen oder einer Decke bequem. Atmen Sie dann einige Male tief in den Bauch ein, damit Ihr Geist sich beruhigen kann. Versuchen Sie dann, die unterschiedlichsten Walddüfte wahrzunehmen. Sie werden bemerken, dass es die verschiedensten „Geruchsnoten" gibt, je nachdem, ob Sie sich in der Nähe von Moos, von Laub oder einer Blume aufhalten. Versuchen Sie, diese Düfte zu filtern, denn damit können Sie Ihre Konzentration fördern und Ihren Geist beruhigen.

Vogelgezwitscher als Inspiration – Geräusche wahrnehmen

Eine sehr eindrucksvolle Erfahrung kann auch das Wahrnehmen der unterschiedlichsten Geräusche sein. Suchen Sie sich dafür einen bequemen Platz und konzentrieren Sie sich dann voll und ganz auf Ihren Hörsinn. Nehmen Sie zunächst die gesamte Geräuschkulisse des Waldes wahr, das Rauschen des Windes, das Vogelgezwitscher, das Blätterrascheln. Haben Sie sich an die Geräusche gewöhnt, dann beginnen Sie damit, sich auf einzelne Geräusche zu konzentrieren. Aus welcher Richtung kommt das Vogelgezwitscher? Von rechts? Von hinten? Wissen Sie eventuell sogar, um welche Vogelart es sich dabei handelt? Zum Schluss nehmen Sie noch einmal alle Geräusche des Waldes wahr und atmen erneut tief ein und aus.

Barfuß im Wald

Die meiste Zeit über stecken unsere Füße in Schuhen, doch damit können wir den Kontakt mit dem Boden nicht fühlen und sind daher mit der Erde kaum verbunden. Wer achtsam mit seinen Füßen umgeht, lernt, wieder auf den Boden der Tatsachen zurückzukommen, wird bescheidener und demütiger dem Leben gegenüber. Ein Barfuß-Spaziergang bedeutet außerdem, dass man sich Zeit fürs Leben nimmt, das heute von Schnelligkeit geprägt ist. Dabei sollten wir viel öfter einmal innehalten, Dinge erfühlen und erproben.

Außerdem zeigt sich an den Füßen sehr deutlich, welche Meinung wir von uns selbst haben. Meist entsprechen die Füße nicht der Norm und wir glauben daher, nicht richtig zu sein. Schauen Sie daher auf Ihre Füße und freuen Sie sich, dass sie einzigartig sind.

Zudem hilft uns das Barfußlaufen dabei, zu unserer inneren Mitte zu finden und ganz im Leben zu stehen. Wer immer mit Schuhen unterwegs ist, entfernt sich aus der natürlichen Mitte, die wir aber benötigen, um dem Leben standhalten zu können. Ein Barfuß-Spaziergang im Wald kann daher helfen, wieder mehr in Kontakt mit sich selbst zu kommen, quasi die Erde in sich zu massieren.

Ziehen Sie daher Ihre Schuhe aus und gehen Sie einfach los. Am Anfang wird es vielleicht etwas unangenehm sein, weil unser Tastsinn durch das ständige Schuhetragen abstumpft und die Sohlen nun plötzlich wieder etwas spüren. Versuchen Sie dabei auch, die verschiedenen Untergründe wahrzunehmen: Wie fühlt sich der Boden an? Ist er hart, weich, warm, kalt, trocken oder etwas matschig? Am Ende richten Sie Ihre Aufmerksamkeit nochmals auf Ihre Füße: Besteht ein Unterschied zum Beginn, als Sie Ihre Schuhe noch anhatten?

Achtsames Kreativsein

Ein sehr spannendes Erlebnis kann es auch sein, im Wald kreativ zu werden. So bietet uns der Wald verschiedenste Naturmaterialien, mit denen man seiner Kreativität freien Lauf lassen kann. Sammeln Sie beispielsweise Stöcke, Zapfen, Schneckenhäuser, Blätter und Steine, um daraus ein Mandala zu legen. Ein Mandala ist ein figurales Bild, das vor allem im Buddhismus bzw. Hinduismus eine ganz besonders magische Bedeutung hat. Ein Mandala hat meist die Form eines Kreises und ist zudem auf einen Mittelpunkt orientiert. Ein solches Bild zu gestalten fördert die Entspannung und die Konzentration, aber auch das abstrakte Denken bzw. die Feinmotorik. Durch das ganz bewusste Sammeln wird zudem der Blick für die unterschiedlichsten Materialien bzw. Formen geschärft. Interessant ist, dass man in der Natur verschiedenste Mandala-Formen vorfindet, wie zum Beispiel Spinnennetze, Blüten oder Schneekristalle. Beachten Sie außerdem, nur so viele Materialien zu sammeln, wie auch benötigt werden, und keine geschützten Pflanzen zu verwenden.

Nachwort

Wälder wirken sehr robust, sind zugleich aber sehr verletzlich und in ihnen verbergen sich viele Geheimnisse, Geschichten und Symbole. Wer in den Wald geht, wird still und ruhig, er kann dem Gesang der Vögel lauschen und die unterschiedlichsten Gerüche und Farben wahrnehmen, die sich im Laufe des Tages immer wieder verändern. In diesen Augenblicken des Innehaltens können wir uns auch darüber bewusst werden, wie unsere Beziehung, zu dem, was uns umgibt, aussieht. Der Schriftsteller Navid Kermani hat das folgendermaßen formuliert:

„Dabei müsste der Mensch doch nur in den Himmel schauen oder auf den Baum, der vor seinem Fenster steht, um zu wissen: Nichts davon kann er selbst je so vollkommen erschaffen, nicht einmal ein einzelnes Blatt eines Baums, und er hat sein Leben, und er hat sein Leben, sein Glück nicht selbst in der Hand – nicht einmal sein eigenes Herz."

Im Grünen, in den Wäldern wird die Seele weit – vielleicht brechen Sie noch heute zu einem Waldspaziergang auf!

Literaturverzeichnis

Internet:

Breuer, Manuel: Die Kraft der Bäume. Unter: https://www.vfp.de/images/stories/psy-vfp/fachartikel/0411_Baeume.pdf. Zugriff: 21. Dezember 2020.

Der deutsche Wortschatz von 1600 bis heute. Unter: www.dwds.de. Zugriff: 18. Juli 2023

Dzionara, Karin: Von heiligen Hainen und biblischen Bäumen. Der Wald als Fluchtpunkt im Grünen. Unter: https://www.ndr.de/nachrichten/info/Gott-im-Gruenen-Ueber-die-neue-Liebe-zum-Wald,audio1232336.html. Zugriff: 05.02.2023

Fritzsche, Marian: Visionssuche. Unter: https://waldorf-ideen-pool.de/Schule/uebergreifend/klassenlehrer/visionssuch/beschreibung. Zugriff: 11. Juli 2023

Holzer, Konrad: Das Wort für Welt ist Wald. Unter: https://www.flaneurin.at/das-wort-fuer-welt-ist-wald. Zugriff: 27. April 2023

Klein, Karsten: „Waldeinsamkeit". Die Funktion des Waldes bei Ludwig Tieck. Unter: https://www.grin.com/document/584904. Zugriff: 3. Juli 2023

Kozina, U.: WALD-Mandalas. Unter: www.forstholzpapier.at. Zugriff: 11. April 2023

Leiter, Katrin: Die Medizinwanderung – Anleitung zum Austausch mit der Natur. Unter: https://www.kathrinleiter.com/post/anleitung-medizinwanderung. Zugriff: 19. Juli 2023

Ohne Autor: Warum ist der heilige Wald ein Tempel? Unter: https://blog.damanhur.de/2017/12/23/spirituelle-vision/warum-ist-der-heilige-wald-ein-tempel/. Zugriff: 07.11.2022

Ohne Autor: Mythen, Märchen und Zauberhaftes. Unter: www.waldtrifftschule.at. Zugriff: 02.01.2023

Ohne Autor: Waldlegenden: Von Trollen, Hexen und Gestaltwandlern. Unter: www.blog.wwf.de/waldlegenden/amp. Zugriff: 05.01.2023

Ohne Autor: Meditation im Wald: Nutze die Natur, um deinen Körper und Geist zu heilen. Unter: www.meditierenlernen.org, Zugriff: 13.04.2023

Ohne Autor: Mehr als schöne Bilder: Europas (alte) Wälder in der Kunst. Unter: https://www.wwf.de/themen-projekte/waelder/mehr-als-schoene-bilder-europas-alte-waelder-in-der-kunst. Zugriff: 2. Juni 2023

Ohne Autor: Der Wald im Märchen. Unter: https://www.maerchenatlas.de/miszellaneen/marchenmotive/der-wald-im-marchen/. Zugriff: 22. Juli 2023

Johann, Elisabeth: Mythologie des Waldes. Unter: https://www.proholz.at/zuschnitt/08/mythologie-des-waldes. Zugriff: 04.02.2023

Per-Olof De Marco: Barfuß leben: Was haben barfuß und Achtsamkeit eigentlich miteinander zu tun? Unter: www.evideo.de, Zugriff: 13.04.2023

Roos, Yvonne: Der Wald. Von seiner Darstellung als Wildnis, Mysterium und Ort der Idylle bis hin zur Ressource. Unter: https://art24.world/de/blog/ad12ba91-d2a2-11ec-959c-5a42b94feb89/der-wald-von-seiner-darstellung-als-wildnis-mysterium-und-ort-der-idylle-bis-hin-zur-ressource. Zugriff: 03.08.2023.

Seeland, Klaus: Der Wald als Kulturphänomen: von der Mythologie zum Wirtschaftsobjekt. Unter: https://gh.copernicus.org/articles/48/61/1993/gh-48-61-1993.pdf. Zugriff: 04.02.2023

Sobota, Daniel Roland: Philosophy of Forests. Unter: https://journals.pan.pl/Content/116549/PDF/22-25%20Sobota_Czytelnia_ang.pdf. Zugriff: 3. Juli 2023.

Stiegemann, Cornelius: Die Sehnsucht ist echt. Unter: https://wald.journalistenschule-ifp.de/die-sehnsucht-ist-echt/. Zugriff: 04.08.2023.

Tan, Daniela: Heilige Bäume. Unter: https://zora.uzh.ch/id/eprint/42386/4/Tan_Heilige_Baeume_NZZ.pdf. Zugriff: 03.08.2023.

Weidermann, Volker: Was macht den Wald zum Sehnsuchtsort? Unter: https://www.spiegel.de/spiegel/literatur-wald-als-widerstand-a-1200828.html. Zugriff: 27. April 2023

Wildt, B.T.: Wald. Unter: https://symbolonline.de/index.php?title=Wald. Zugriff: 11. Juli 2023

Bücher:

Bernjus, Annette mit Anna Cavelius: Waldbaden. Mit der heilenden Kraft der Natur sich selbst neu entdecken. Gesund und glücklich mit Shinrin Yoku. mvg Verlag, 2018.

Burroughs, John: Von der Kunst, Dinge zu sehen. Limbus Verlag, 2019.

Deakin, Roger: Wilde Wälder. Matthes & Seitz Berlin, 2018.

Fetzner, Angela: Im Bann des Waldes. Books on Demand, 2020.

Himmel, Manfred: Bäume helfen heilen. Wie Sie mit Bäumen Kontakt aufnehmen und ihre natürlichen Energien nutzen. Verlag Hermann Bauer KG, 1997.

Kermani, Navid: Jeder soll von da, wo er ist, einen Schritt näher kommen. Fragen nach Gott. München 2022.

Powers, Richard: Die Wurzeln des Lebens. Fischer Taschenbuch, 2020.

Proulx, Annie: Aus hartem Holz. Luchterhand Literaturverlag, 2017.

Reimann, Antara und Eckel, Peter: Der heilige Baumkreis der Kelten: Im Jahreskreis der 13 Kraftbäume Orientierung und Heilung erfahren. Schirner Verlag, 2022.

Storl, Wolf-Dieter: Wir sind Geschöpfe des Waldes: Warum wir untrennbar mit den Bäumen verbunden sind. Gräfe und Unzer Autorenverlag 2019.

Stumpf, Ursula, et al.: Mythische Bäume. Kulte und Sagen, traditionelles Heilwissen, überliefertes Handwerk. Kosmos Verlag, 2021.

Thoreau, Henry David.: Walden. Leben in den Wäldern. Kopp Verlag, 2015.